alta Mar

Cuentos

Bruño

Directora de la Colección
Trini Marull

Edición
Cristina González

Producción
Mar Morales

Diseño gráfico
Tau Diseño, S. A.

Vacaciones en la cocina

Miguel Ángel Mendo

Premio Lazarillo 1989

Ilustración

M.ª Luisa Torcida

Taller de lectura

Antonio-Manuel Fabregat

Ediciones:

Primera, 1990; segunda, 1991; tercera, 1993; cuarta, 1993; quinta, 1994; sexta, 1995; séptima, 1996; octava, 1997; novena, 1997; décima, 1998; undécima, 1999; duodécima, 2000; decimotercera, 2001; decimocuarta, 2002; decimoquinta, 2002; decimosexta, 2003.

Decimoséptima: abril 2004.

ISBN: 84-216-1236-0
D. legal: M. 12.246–2004
Impresión: Gráficas Rógar, S. A.

Printed in Spain

Miguel Ángel Mendo

- Nací en Madrid en el año 1949.
- Estudié Filosofía y Letras, en la especialidad de Psicología.
- He sido un poco de todo, desde profesor de cine hasta fotógrafo de prensa y periodista.
- He recibido varios premios de literatura infantil: el Premio Altea en 1987, el Lazarillo en 1989 y el Mirlo Blanco en la Internacional Jugendbiblioteck de Munich en 1989.
- En esta colección también he publicado *Mi abuela la bruja.*
- Me gusta jugar al billar de tres bolas. No me gusta mucho fregar los cacharros, y menos aún los cubiertos.

alta mar

para ti...

Todo lo que inventamos con nuestra imaginación existe y habita en alguna parte. Robinson Crusoe, Asterix, Indiana Jones, el Capitán Garfio... existen simplemente porque podemos hablar de ellos durante horas y horas.

En esa casa de infinitos salones transparentes donde viven, los personajes imaginados están ahora llamando a la puerta: Quique con un vaso de agua en la mano, un caballero anónimo con la capa medio rasgada por los tirones, la pequeña Marisa con un flotador deshinchado y el pintor Arsenio Gatera con su extraña paleta de colores flotantes.

Al leer cada uno de estos cuentos, tú mismo los estás invitando a entrar en esa casa de aire.

—Bienvenidos. Pasad, pasad —les dices sonriente.

Y ellos, con la timidez del recién llegado, te darán la mano y entrarán felices de existir.

Vacaciones en la cocina

Dedicado a mis buenas amigas
la lavadora y la olla exprés.

—¿QUERÉIS dejar de armar tanto escándalo? —gritó la nevera dejando por unos instantes de runrunear—. ¡Así no hay quien duerma la siesta!

Pero el aspirador seguía bailando a plena marcha con la escoba por toda la cocina.

—«Ven, ven, ven, ven a bailar el cha-cha-cha» —zumbaba la radio a todo volumen.

—Por lo menos podíais ir a dar la lata a otra parte —continuaba refunfuñando la nevera con su voz de cantante de ópera.

—¡Claro! ¡Tú como estás tan gorda y rellena que no puedes ni moverte...! —decía el aspirador con voz cantarina llevando casi a rastras a la pobre escoba, que apenas si conseguía seguir su paso.

—¡Noticias de última hora! —exclamó de repente el radiocassette.

—¿Qué ocurre, qué pasa, qué sucede? —dijo el televisor, que había venido a todo correr desde el salón en su mesita de ruedas—. ¿Hay fiesta?

—¡Mucho mejor que todo eso! —exclamó el radiocassette con su voz de locutor de concursos y con el cha-cha-cha de música de fondo—. ¡Hay vacaciones desde mañana!

—¡Qué tonterías dice siempre la radio! —exclamó la nevera—, ¡No me lo creo!

—¡Sí señora! —respondió el aspirador sin dejar de bailar—. ¡Nuestros dueños se van a la playa mañana por la mañana, que lo he oído yo!

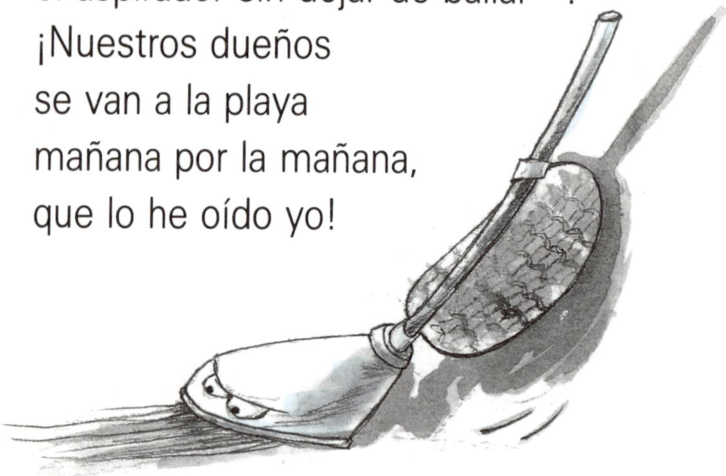

—¡Bieeeen! —gritó el televisor mientras aparecía en su pantalla una auténtica ensalada de imágenes.

—¡Bravo! —chilló también la cocina encendiendo todos los fuegos y abriendo y cerrando la puerta del horno.

—Oye, monina —saltó la nevera—, ¿no te parece que hace demasiado calor este verano como para que te pongas a encender tus encantadoras llamitas?

—Calla ya, aguafiestas —contestó el aspirador mientras en un magnífico paso de rock lanzaba a la escoba dentro del fregadero.

—¡Jolín, bruto, que me vas a despeinar! —dijo la escoba enfadada.

—¡Hurra! ¡Vacaciones! —exclamó el tostador lanzando tres rebanadas de pan al aire—. Ya tenía yo ganas de dejar de madrugar.

Pero el teléfono del portero electrónico se descolgó solo en ese momento.

—¡Atención! ¡Que vienen los dueños! —dijo con voz metálica—. ¡Acaban de entrar en el portal!

Aquello fue un revuelo. Todos los aparatos corrieron a colocarse en su sitio y se desenchufaron a toda velocidad. Se hizo un silencio absoluto.

—Bueno, enseguida todos a dormir —dijo el padre según abría la puerta de la casa—. Que mañana tenemos que coger muy pronto el tren.

—Eso. Mañana nos levantamos tempranito y hacemos las maletas —dijo la madre.

—Yo tengo un sueño... —dijo Cristina, la hermana mayor, abriendo la boca y dirigiéndose a su cuarto.

—Pues anda que yo... —dijo Jorge,

el hermano mediano, mientras entraba en el lavabo para limpiarse los dientes el primero.

Y Quique, el pequeño, no dijo nada.

Así es que todos se fueron enseguida a la cama.

Pero poco después, cuando ya dormían todos, se oyeron los pasos de unos pies descalzos por el pasillo: pin, pin, pin... Era Quique. Entró en la cocina, suavemente iluminada por la luz de la luna que entraba por la ventana, y se quedó un rato en silencio. Luego dijo en voz muy baja:

—Por si mañana no tengo tiempo de despedirme, que os lo paséis muy bien este verano...

Empezó tímidamente el grifo del fregadero: se puso a gotear. Luego se abrió un poquito la puerta de la nevera y, desde otro rincón, se oyó como un estornudo y un susurro: ¿qué pasa?

En el escurreplatos, las cucharas y los tenedores se pusieron a cuchichear. Había cierta agitación en la cocina.

—Que os digo que os divirtáis estas vacaciones... —repitió el niño un poquito más fuerte.

Entonces ya sí. Durante unos pocos segundos la cocina pareció una feria en plena ebullición. Era como un estallido de alegría que surgía de todas partes: la luz se encendía y se apagaba, la cafetera zumbaba, la nevera bailaba a la pata coja, la radio cambiaba todo el rato de emisoras, la batidora se aceleraba como una moto, la cocina hacía saltar cazuelas y sartenes...

Ya digo, fueron tal vez dos o tres segundos, nada más, y luego, de pronto, el silencio y la oscuridad de todas las noches, como si allí no hubiera pasado nada.

Casi instantáneamente, al oír aquel alboroto, todos y cada uno de los miembros de la familia dieron un brinco en la cama y, en pijama y con cara de sueño, se plantaron delante de Quique en la cocina.

—¿Qué ha pasado?
—¿Qué se ha roto?
—¿Qué ocurre?...
—¿Ha habido un terremoto?

Quique les miró con la más inocente de sus sonrisas.

—¡Pero si no ha pasado nada! Sólo me he levantado a beber un vaso de agua... —y en ese instante el grifo del fregadero se abrió solo y se volvió a cerrar, ante la sorpresa de todos.

Y así les dejó, con la boca abierta, mientras él se iba tan tranquilo a la cama, a soñar que saltaba olas en la playa.

Fin

2

Marisa deshincha todo lo que pilla

HACÍA un día estupendo
para ir a la playa y cuando
Marisa se despertó y vio
que sus padres estaban metiendo
en una bolsa las cremas para el sol,
los bañadores, las toallas
y la merienda, se puso
a dar brincos de alegría.

Marisa era una niña de dos años
y, aunque todavía no supiese nadar,
lo que más le gustaba del mundo
era ir a la playa.

Había bastante gente bañándose aquel día, pero encontraron un sitio cerca del acantilado que estaba muy bien. Los padres de Marisa colocaron la sombrilla, extendieron las toallas y se tumbaron a tomar el sol enseguida. La niña estuvo jugando mucho rato con la arena, con las conchas y con una pala que traía.

Luego le dijo a su papá que quería meterse en el agua, y se bañaron juntos. El agua estaba fresquita, pero a ella no le importó nada, porque su padre la levantaba en el aire muy alto y luego la dejaba caer con mucho cuidado en el agua, sólo hasta la cintura, y a Marisa eso le encantaba.

Así se fue pasando la mañana, jugando en el agua, buscando piedrecitas, construyendo lagos con la arena mojada, rebozándose de barro, haciendo pozos... Luego llegó la hora de comer. Marisa tenía mucha hambre y comió tortilla de patatas y ensalada; pero luego, con una medianoche de jamón de york en la mano, se le quitaron todas las ganas de comer. El caso es que sus padres ya se habían tomado la fruta y Marisa aún tenía más de la mitad del bocadillo en la mano.

Su madre se enfadó y le dijo que hasta que no se lo terminase no tomaría el postre, quc era lo que más le gustaba a ella: yogur de fresa.

Ya sabéis lo que es eso. Cuando una cosa no entra, pues no entra, y a Marisa no le entraba el jamón de york. Anduvo remoloneando por ahí, con el bocadillo en la mano, pero sin darle un solo bocado. Su madre se enfadó, porque decía que no había comido casi nada y que se iba a quedar en los huesos, y al final dijo que le daba lo mismo que la niña comiese o no, que ya estaba harta. Esto se lo dijo al padre, que estaba tumbado al sol.

La niña aprovechó la discusión que se organizó entonces entre su padre y su madre para irse hasta una roca que había más allá. Se sentó y se puso a colocar conchitas una encima de otra con la mano derecha, mientras que con la izquierda sujetaba el eterno bocadillo de jamón de york.

En ésas estaba, completamente distraída, cuando de pronto vio aparecer por detrás de la roca un espantoso monstruo de color verde y rojo, con unas grandes escamas y unas orejas picudas. Era un bicho horrible, muchísimo más grande que ella.

—¡Uuuuh! ¡Aggrrr! —gritó el monstruo, acercando su enorme bocaza.

—¡Ayyyy! —dijo la niña, soltando el bocadillo y las conchitas, y se puso a llorar.

El monstruo, que no era otra cosa que un gran flotador que tenía un niño mayor, desapareció de repente. Resulta que el niño estaba muy orgulloso de su enorme flotador, que representaba a un dragón, y como estaba aburrido no se le ocurrió nada mejor que darle un susto a Marisa. Después de darle el susto salió corriendo con su flotador hacia el otro lado de la playa, que era donde estaban sus padres.

El caso es que la pobre Marisa se quedó allí sentada, llorando, y cuando se acercó su padre y vio la medianoche de jamón de york caída en el suelo, cada trozo por su lado, y toda pringada de arena, se puso hecho una furia.

—¿Por qué has tirado la comida? ¿Eh?

—¡Un «moztruo» me quería comer! —dijo Marisa entre llantos.

—Sí, claro. Un monstruo. Un monstruo. ¡Pues ya no hay postre! ¡Y esta tarde no te bañas más!

¿Te enteras? ¡Por desobediente!

Y no se quedó ahí la cosa. Su padre la llevó en volandas junto a la sombrilla, y allí también la regañó su mamá. Marisa no entendía por qué la regañaban, encima de que casi se la come un monstruo, y no paraba de llorar. Y por si fuera poco todo eso, se había quedado sin postre.

* * *

Aquella noche Marisa durmió muy mal. Soñaba con un gran monstruo que venía volando, la cogía con sus garras y se la llevaba por los aires, muy lejos, hasta lo alto de una montaña. Entonces se despertaba llorando y enseguida venía su mamá corriendo hasta la cuna y se ponía a cantarle hasta que se quedaba dormida, pero al cabo de otro rato volvía a tener el mismo sueño.
Así tres o cuatro veces.

Cuando se despertó hacía un sol radiante. Y, por suerte, sus papás ya lo tenían todo preparado para ir otra vez a la playa.
Desayunó tostadas con miel y un tazón de leche y enseguida se metieron los tres en el coche.

Marisa estaba muy contenta en su silloncito, en el asiento de atrás. No se acordaba para nada del monstruo del día anterior, y sólo pensaba en lo bien que se lo iba a pasar bañándose con su padre.

Todo fue muy bien esa mañana. Estuvo jugando incluso con un niño de su edad y con el perro de unos amigos de sus padres. Se hizo tan amiga del perro que ella se quería subir encima, como si fuese un caballo, y el perro se dejaba. Lo que pasa es que era tan grande que no llegaba. Le daba de comer conchitas al perro, pero no le gustaban, y aunque casi se las metía en la boca, el perro no se enfadaba ni nada.

En ésas estaba cuando de repente vio al monstruo. Estaba quieto, junto a una sombrilla y un montón de bolsas, allí, con sus grandes dientes pintados de blanco y sus orejas puntiagudas. No se movía nada.

A Marisa al principio le dio mucho miedo y echó a correr con sus pequeñas piernecitas hacia donde estaban sus padres. Pero se volvió para ver si la perseguía el monstruo y se dio cuenta de que seguía allí, muy quieto, como si estuviese dormido. El monstruo, al parecer, no la había visto. Es más, vio que en ese momento llegaba corriendo un niño mayor (el dueño del flotador) y tiraba unas gafas de bucear encima del monstruo y se iba otra vez a bañarse. El bicho aquel ni se movía. Eso le dio un poco de confianza y entonces, en vez de irse a donde estaba su papá y contarle llorando que el monstruo que la quiso comer el día anterior estaba allí, lo que hizo fue darse la vuelta y acercarse poco a poco a él, pero en vez de ir por delante, dio la vuelta por detrás, para que el monstruo no la viese. Aunque le daba mucho miedo, quería mirarle más de cerca.

Se sentó junto a unos bañistas, a unos metros de distancia, y se puso a mirarle. No le veía bien la cara, pero se quedó un buen rato mirándole fijamente y estaba claro que no se movía nada. Entonces se le ocurrió tirarle conchitas. La verdad es que no le dio ni una sola vez. Le salían torcidas, o no llegaban.

Así es que decidió levantarse y, en un ataque de furia, cogió una piedra más grande, echó a correr y, acercándose, se la tiró y salió corriendo enseguida, para ponerse de nuevo a unos cuantos metros. La verdad es que el bicho no se había movido ni un tanto así.

Estaba furiosa, cada vez más furiosa con el monstruo. Volvió a echar a correr hacia él y le dio una patada. Nada. El monstruo no la atacaba, ni siquiera parecía darse cuenta. Eso le dio valor, y se puso unos pasos más cerca. Y fue entonces cuando vio algo que le llamó la atención. En la parte de atrás, por debajo, había una especie de pitorro con una cuerdecita. Una cosa que sobresalía de su cuerpo. Y de repente, sin pensárselo dos veces, se abalanzó sobre el monstruo, con una tremenda furia, agarró de la cuerdecita y dio un tirón con todas sus fuerzas, casi al mismo tiempo que salía corriendo hacia atrás.

Se cayó de culo por su propio impulso y, desde allí, sentada, vio llena de maravilla cómo, haciendo un extraño ruido —psssssss...—, aquel bicho espantoso se arrugaba poco a poco, poco a poco, hasta quedar convertido en una cosa fofa, en algo que ya era irreconocible y que no daba el menor miedo. Se levantó, se acercó triunfadora al flotador desinflado y se lo quedó mirando. Era un burruño blandengue, ya sin dientes y sin orejas picudas. ¡Había vencido al monstruo!

La alegría de Marisa era inmensa. ¡Se había enfrentado a aquella pesadilla, a aquella fiera, y había descubierto su punto débil: ¡un pitorrito con un cordel! ¡Qué fácil! Se fue corriendo y saltando de acá para allá. No había que volver a tenerle miedo a nada, se dijo.

Pero de pronto unos brazos la levantaron en volandas. Era su padre.

—¡Ale! ¡Vamos a bañarnos! ¿Quieres bañarte conmigo?

—¡Sííííí!

* * *

Después del baño llegó la hora de comer. La temida hora de comer. Al principio todo fue muy bien: dos croquetas y un tomate.

Pero después, cómo no, vino el fatídico bocadillo de jamón york. Los padres son a veces así de cabezotas. Marisa recibió en sus manos el bocadillo y se puso a llorar.

—No te va a servir de nada que llores —le dijo su madre sin inmutarse—. Hoy te lo tienes que comer porque tienes que estar fuerte para bañarte.

—Y nada de tirarlo por ahí como ayer, ¿eh? —le advirtió su padre.

Marisa lloró aún más fuerte. Pero nada. Ni caso. Sus padres se habían tumbado ya bajo la sombrilla y no querían oírla.

Lloró un poco más y por fin se distrajo con una cometa que alguien hacía volar junto al agua, y se le pasó la llantina. Distraídamente dio un bocado, pequeño, a lo que tenía en la mano y se dio cuenta de que era el horrible jamón de york de todos los días. Lo odiaba. Si pudiese desaparecer para siempre...

De repente se acordó del monstruo y de lo que había sido capaz de hacer. ¡Claro! ¡Ésa era la solución! ¡Era cuestión de buscarle el pitorrito al bocadillo! Bueno, pues eso fue exactamente lo que hizo Marisa. Lo puso en alto y le dio vueltas por todos lados. No lo encontraba. ¡Pero tenía que estar allí, en alguna parte! Le dio vueltas y más vueltas, y casi estuvo a punto de caérsele de las manos, como el día anterior.

¿Dónde estaría el pitorrito? Lo agitó con fuerza, enfadada, con las manos, y cuando volvió a mirar... ¡lo vio! Sobresalía un poquito por la parte de atrás, entre el pan y el jamón, con su cuerdecita. ¡Maravilloso! No se lo pensó dos veces. Agarró el bocadillo bien fuerte con una mano y con la otra tiró de la cuerda.

—Pssssss...

El bocadillo comenzó a desinflarse en sus manos, a hacerse pequeñito y blandito, a quedar reducido a una especie de globo deshinchado del color del pan. Lo podía hacer una bolita con los dedos. Miró para atrás, hacia donde estaban tumbados sus padres, y al ver que nadie la miraba, se lo metió en la boca y se lo comió. Estaba riquísimo. Mucho más rico que el jamón de york de siempre.

—¡Ya está! ¡Ya me lo he comido todo! —dijo dando palmadas.
Su padre levantó la cabeza y al ver que no quedaba ni un solo resto del bocadillo se puso contentísimo.
Se tumbó en la arena y le dio dos besos.

—Así me gusta. Vas a ver qué grande te vas a hacer.

—¿Se lo ha comido todo? —dijo su madre encantada—. ¡Qué bien!

—Todo, todo —dijo Marisa, radiante, con el pitorro que le había sobrado en la mano.

—Pues ahora te puedes tomar el postre —y el papá cogió la bolsa y sacó un magnífico yogur de fresa y una cucharilla.

—¡Ummm! ¡Qué rico! —dijo Marisa, y se lo zampó en dos minutos, sin pensar ni por un momento en ponerse a buscarle pitorrito ni nada parecido al vaso del yogur.

* * *

Pero ahí no termina la historia, ni mucho menos. Porque, esa misma tarde, cuando se fueron de la playa y se montaron en el coche para irse a su casa, se dieron cuenta de que no podían arrancar porque otro coche había aparcado mal, tapándoles la salida. El padre de Marisa estuvo tocando la bocina durante cinco minutos, desesperado.

Bajaron incluso a la playa a buscar al dueño de aquel fastidioso automóvil y preguntaron a todo el mundo, pero nada, que no aparecía por ninguna parte. Total, que no se podían ir. Entonces, Marisa, que ya estaba entusiasmada con su descubrimiento, pensó que ella tenía que hacer algo. Y cuando nadie se dio cuenta, se puso a dar vueltas a cuatro patas alrededor del coche que cerraba el paso, y en un tiempo récord encontró el pitorrito. Estaba en la parte de atrás, cerca del tubo de escape, con su cuerdecita y todo. Y fue muy fácil.

Tirar del cordel y comenzar a oír un fuerte y larguísimo PSSSSSSSSSS... Eso fue todo. Su padre y otros curiosos que estaban allí creyeron que se había pinchado una rueda, pero qué va.

Era todo el coche entero el que se estaba deshinchando. ¿Lo imagináis? El techo del auto comienza a bajar, a bajar, la parte del morro a arrugarse, las puertas a reblandecerse, a plegarse una sobre otra... Y en dos minutos el coche parece una alfombra muy graciosa, como de goma.

Bueno, pues toda la gente, los curiosos, otros bañistas que volvían también para sus casas..., todo el mundo se quedó asombrado, con los ojos como platos. Pero a nadie se le ocurrió pensar en que la única que sabía lo que había pasado era Marisa.

—Oiga, que yo no le he hecho nada al coche, ¿eh? —decía el padre, preocupado, a todos los que estaban presentes.

—No, no, ya imaginamos
—contestaba la gente.
—Será un coche-anuncio... —decía uno.

—Ni hablar. Era un coche de metal, de los de verdad, que yo lo he tocado —decía otro.

—Es que ya no te puedes fiar. Cada vez hacen peor los coches —decía otro.

—A lo mejor con el calor se ha reblandecido...

Y, en realidad, nadie sabía lo que había pasado allí.

Pero bueno, el caso es que así Marisa y sus padres pudieron irse a su casa y nadie les pudo decir nada. Por lo visto, cuando llegó el dueño, se echó las manos a la cabeza. A uno se le ocurrió que, a lo mejor, inflándolo otra vez...

* * *

Ya digo, la historia no ha terminado. Marisa empezó a deshinchar todo lo que le parecía malo o todo lo que la asustaba, y no ha parado nunca. La verdad es que nadie ha descubierto su truco. Cuando ha desinflado cosas delante de la gente, todos se han quedado boquiabiertos, incapaces de entender qué es lo que había sucedido, pero a nadie se le ha ocurrido pensar que la pequeña Marisa podía tener algo que ver.

Así es que, de vez en cuando, sigue deshinchando cosas. Hombre..., la verdad es que sus padres están un poco con la mosca detrás de la oreja, pero claro... no saben qué decirle a la niña... Ellos la miran por todos lados, a ver si lleva algo en las manos, o en algún bolsillo..., sin saber qué es lo que buscan en realidad, porque no entienden nada. Sólo saben que cuando la pequeña Marisa está presente, a veces se desinflan las cosas más increíbles.

El caso es que ha deshinchado un tobogán que estaba roto en el parque de al lado de su casa (un tobogán que ya había hecho caerse a varios niños), ha deshinchado unos zapatos muy incómodos que le apretaban,

ha deshinchado una máquina
taladradora
que hacía
un ruido
espantoso
en la puerta
de su casa...

y estuvo a punto de deshinchar
a una vecina vieja y con muy malas
pulgas que un día le tiró del pelo.

No sabemos si cuando sea mayor Marisa seguirá teniendo ese mágico poder de encontrarle el pitorrito a cualquier cosa. Pero el caso es que hace poco, un día, jugando en el campo, mientras escarbaba con un palito en la hierba, se encontró un pitorro que salía de ella, bien cerrado con su tapón y su cordelito. Afortunadamente, Marisa decidió que ése no lo destaparía nunca jamás.

Debió de pensar que si quitaba ese tapón podía deshincharse el mundo. Imaginaos: todo el globo terráqueo arrugándose poco a poco, como un balón pinchado...

¡Tendríamos que irnos todos a vivir a otro planeta!

¡Ah!, pero lo que desde luego sí ha deshinchado han sido bocadillos. Muchísimos bocadillos de jamón de york.

Fin

3

Un país con demasiados reyes

PUES resulta que érase que se era (porque este cuento es como los de antes) un país muy pequeño donde todos los habitantes eran reyes, sus esposas reinas y sus hijos príncipes, o sea, que no es que hubiese un rey o dos, sino que todos eran reyes.

Así es que, fíjate tú, todo era muy raro: las tiendas de muebles vendían tronos y camas imperiales, todas las personas compraban capas de armiño en las sastrerías y en vez de sombrerería había «coronerías», porque cada uno quería llevar su propia corona (incluso los dueños de las tiendas).

Bueno, pues eso, imaginaos las calles y las casas (es decir, los palacios) en los que vivían personas de todas las edades vestidas de reyes, con el dedo levantado para dar órdenes y la cabeza muy alta debajo de sus coronas imperiales.

Pero el problema fundamental de aquel país es que se aburrían lo suyo, sobre todo porque ningún rey podía dar órdenes, y el dedo que llevaban levantado se les quedaba frío.

¿Cómo iban a dar órdenes, si todos eran reyes? ¿A quién iban a mandar? Nadie se dejaba, porque su alcurnia y su nobleza no se lo permitían. Así es que ya podéis imaginaros que no sabían qué hacer en todo el santo día.

PALACETES
ACOSADOS
AQUÍ
¡¡Para vivir como Reyes!!

Dio entonces la rarísima casualidad que un joven caballero, procedente de un país muy lejano, que se había perdido en su camino, se chocó casi de narices, al doblar una montaña, con los primeros palacios de la capital de ese país que se llamaba «Soberánica de los Reyes Imperiales», pero que todo el mundo llamaba «Sobe» a secas.

Como traía mucha hambre se acercó a un niño, es decir, a un príncipe que estaba jugando a las canicas y se estaba poniendo perdido el manto de armiño.

—Oye —le dijo—, ¿tú sabes dónde...?

—¡Pero bueno! —le interrumpió el príncipe—. ¡Llámame Majestad! ¿Con quién te crees que estás hablando?

—No, yo lo que quiero es saber dónde... —intentó continuar el caballero.

—¿Y tú quién eres, eh?

—Pues yo vengo de muy lejos y me he perdido y ahora lo que quiero es...

—¡Ah, tú eres un súbdito! ¡Claro! Porque... tú no eres rey, ¿a que no?

—Pues —el caballero estaba realmente sorprendido— no... yo soy un simple ciudadano que...

—Entonces eres un súbdito. Porque todos los que no son reyes son súbditos. ¡Fantástico! A ver: te ordeno que vayas ahora mismo a comprarme un chicle de fresa —exclamó el príncipe muy satisfecho con el dedo en alto.

—Oye, nene, escúchame un momen...

—¡Cómo! ¡Un súbdito que no me obedece! ¡Te mandaré a mazmorras, claro que sí! ¡Y encima se niega a llamarme Majestad! ¡Ahora verás! ¡Te ordeno que vengas a presencia de mi padre, el rey Mariano Rodríguez I! —y empezó a tirar de la capa al caballero.

Pero con aquellos gritos que daba el

niño comenzó a reunirse gente llena de curiosidad: reyes, reinas, princesas...

El caballero se quedó atónito al ver a su alrededor tantos reyes. Pero lo malo fue cuando empezó a extenderse entre los curiosos un rumor: ¡Es un súbdito! ¡Ha llegado un súbdito! Y todos y cada uno de ellos comenzaron a acercarse a él y a darle órdenes con el dedo en alto.

—Llévame este paquete.

—Lávate la cara y péinate con la raya al otro lado.

—Tráeme un café.

—Ve corriendo hasta aquella esquina y vuelve a la pata coja.

Y luego se pusieron a discutir entre ellos:

—¡Un momento, este súbdito me lo he pedido yo!

—¡Ni hablar, es mío!

—¡No señor, que yo lo he visto primero!

—¡No y no! ¡Sólo yo puedo darle órdenes!

Ya estaba allí casi toda la ciudad insultándose y tirando del pobre caballero por todos lados, unos de un brazo, otros del otro, otros de una pierna... Y enseguida pasaron de las palabras a las manos.

En un momento dado, toda aquella gente terminó dándose de coronazos.

Abandonado en medio de la pelea, desfallecido de hambre y sin conseguir creer en lo que veía, el caballero volvió a montar en su caballo, dispuesto a irse inmediatamente lo más lejos posible de allí.

Pero una reina muy gorda que le vio, se agarró como pudo a una pierna mientras le decía:

—¡No te vayas! ¡Por favor! ¡Sé súbdito mío! ¡Te pagaré lo que quieras, te ordenaré las cosas más fáciles!

—¡Déjeme! —gritó el caballero; pero nada, no conseguía que la señora le soltase.

—¡Quédate a ser mi súbdito, te lo suplico! —decía—. ¡Te trataré mejor que nadie! ¡Haré todo lo que me pidas!

Haciendo un supremo esfuerzo, el caballero dio un tirón y logró que la reina soltase la pierna.

La señora cayó de culo y, al ver que el viajero conseguía montar en su caballo y agarraba las riendas, se puso a gritar:

—¡Eh, que se va el súbdito! ¡Que se escapa! ¡Que nos quedamos sin súbdito!

Todos dejaron de pegarse por un momento y se volvieron hacia el caballero. Pero éste reaccionó rápidamente y picó espuelas a su caballo, que salió al galope.

Cuando se volvió para convencerse de que aquello no había sido una pesadilla, vio que toda la multitud corría detrás de él, con los mantos de armiño arremangados para no tropezar.

—¡Quédate! ¡Queremos un súbdito! —le gritaban.

—¡Te haremos nuestro rey! ¡Serás el rey de todos nosotros!

El caballero, aterrorizado, azuzó a su caballo y no dejó de galopar hasta que Sus Majestades se convirtieron en unos pequeños puntitos allá en el horizonte.

Fin

4

«Pegavit», la fórmula secreta

A Ángel Aragonés.

ARSENIO Gatera era un pintor realmente bueno. Pintaba paisajes, retratos, bodegones y cualquier cosa que le pidieran: perritos, zapatos, muebles de oficina, manzanas... Cualquier cosa podía pintar. Lo malo es que apenas si tenía trabajo. Nadie le encargaba cuadros, o carteles, o retratos.

Y todo porque era bastante tímido. Tenía su taller de pintura en una calle muy estrecha, por donde apenas si pasaba nadie, y la placa que había en el portal anunciando su profesión era muy pequeñita.

El caso es que un día de primavera, un sábado que hacía un espléndido sol, aburrido de esperar a que algún cliente llamase a su puerta, se cogió su maletín de pinturas, su caballete y un lienzo y salió a la calle decidido a ponerse a pintar lo que más le apeteciese.

Andaba callejeando de un lado para otro, buscando algún rincón de la ciudad que le pareciese especialmente bonito, cuando se entretuvo a escuchar a un charlatán, un hombre de esos que se ponen en medio de la calle a explicarle a todo el que quiera oírle las maravillas de lo que vende. A Arsenio, que era un hombre muy curioso, siempre le habían engatusado las palabras tan bien dichas de aquellos charlatanes, así que se metió en el grupo de personas que se habían parado a escucharle.

—Señoras y señores —comenzó a decir el charlatán con grandes aspavientos y con un frasco en la mano—. La ciencia aún no ha podido averiguar cuál es el secreto que se esconde en la fórmula que un servidor de ustedes ha conseguido sintetizar, tras varios años de concienzudo trabajo en el laboratorio. Y ese secreto lo tengo aquí, en mi mano, al alcance de cualquiera de ustedes, amigos míos. ¿Que de qué se trata tanto misterio? Pues ahora lo van a ver ustedes con sus propios ojos. ¡Observen!

El charlatán abrió una caja de cartón que había detrás de él y sacó de ella un tiesto con un geranio. Era un hermoso geranio, la verdad, con un par de flores rojas. Lo puso sobre una mesita plegable que tenía allí abierta, ante el público, y colocó a su lado el frasquito con la «fórmula». Acto seguido extrajo unas grandes tijeras del fondo de la misma caja y se dispuso a cortar el tallo más grueso del geranio con ellas. Pero, antes de hacerlo, se detuvo para hablar a sus desconcertados oyentes:

—Da pena echar a perder este hermoso geranio, ¿no es cierto? Tal vez piensen ustedes que estoy loco...

Pero no. Ya verán cómo no lo estoy. Y ¡clack!, cortó el tallo del geranio. Una cierta sensación de pena invadió a todos los presentes. ¡Pobre geranio! ¡Tan bonito como era!

—¡No se preocupen, señoras y señores! Esta rama cortada que ven ustedes en mi mano izquierda no morirá. ¿Que por qué no morirá? ¿Porque voy a plantarla de nuevo en otro tiesto? ¡No, ni mucho menos! ¡¡¡Simplemente, porque voy a PEGARLA otra vez en su sitio, en la rama a la que pertenecía, con mi fórmula, el PEGAMENTO MÁGICO REGENERADOR «PEGAVIT», que une las moléculas esenciales para que se reproduzca el milagro de la vida!!! ¡Observen atentamente con qué facilidad uno de nuevo esta hermosa rama al tallo al que pertenecía!

Y abrió el frasco y, con un pincelito, untó líquido de aquél en las dos partes del tronco que quería pegar. Luego las sopló un poco y procedió a juntarlas. En efecto, parecía que la rama no se caía, que se quedaba pegada a su sitio.

—¡Nadie notará que esa planta fue cortada con unas tijeras, como ustedes vieron con sus propios ojos! ¡Y dentro de unos días, el geranio seguirá creciendo y echando nuevas y hermosas flores, como si no hubiera pasado nada, gracias al fabuloso PEGAVIT y a la fórmula secreta de mi invención! ¿No es milagroso, queridos amigos míos? ¡Imaginen ustedes que su hijo se corta un dedo, o una oreja! ¡Pues con PEGAVIT no tendrán que ir ustedes al hospital! ¡Un poquito de mi fórmula volverá a poner las cosas en su sitio!...

La mayoría de la gente, por no decir todos, empezaron a desfilar de allí, desencantados, pensando que el charlatán había puesto cualquier pegamento normal y corriente para que la rama se sujetase simplemente, y que al día siguiente el pobre geranio estaría seco, como para tirarlo a la basura. Pero, no sabemos por qué, nuestro amigo Arsenio se decidió a gastarse las doscientas pesetas que costaba el frasquito y se fue tan contento con él y con sus bártulos de pintor.

Y luego, nada, siguió su camino, buscando un lugar donde ponerse a pintar, como si tal cosa. Por fin lo encontró. Era una placita muy alegre, con sus bancos para sentarse, con sus casas de ladrillos rojos, muchas chimeneas, flores en las ventanas y una estatua de un general montado a caballo en medio. Se situó en una esquina donde daba el sol y desde donde tenía una vista completa de la plaza y comenzó a desplegar el caballete. Luego puso el lienzo encima, abrió la caja y se puso a echar abundante pintura de los distintos tubos de colores en la paleta.

Le costaba un poco, porque como hacía tiempo que no salía a pintar por ahí, la pintura estaba bastante seca y no salía bien del tubo. Entonces se puso a buscar el disolvente, pero no lo encontraba. Siempre llevaba un frasco de aguarrás en la caja, pero esta vez debía habérselo olvidado. Así es que, sin darse cuenta, cogió el frasco de PEGAVIT (el que había comprado al charlatán poco antes), confundiéndolo con el aguarrás, y metió uno de los pinceles en él.

Pues nada, tan campante se colocó delante del lienzo con el pincel mojado en PEGAVIT en su mano derecha y la paleta en la izquierda. Estuvo mirando un buen rato con aire profesional el paisaje que tenía delante, y decidió comenzar por pintar los tejados rojos.

Hundió el pincel en la pasta de color y lo revolvió bien para ablandarla un poco. Entonces levantó el pincel para dar los primeros trazos y... resulta que se quedó una raya bien gruesa de color azul en el aire. ¡Por donde había pasado la punta del pincel, desde la misma paleta, el aire se había *manchado* de azul!

Arsenio no creía
en lo que sus ojos
estaban viendo.
Miró el rayajo
azulado
por delante
y por detrás,
por arriba
y por abajo
y, en efecto, allí
estaba...
¡como flotando
en el aire!

Luego volvió la vista, asustado, a la punta del pincel, y lo movió un poquito. Los movimientos se quedaron pintados en el aire, como si *todo* fuese un papel transparente. ¡Increíble, maravilloso!

Emocionado, Arsenio dibujó un pez rojo en el aire. Y allí se quedaba quieto. Volvió a mojar el pincel en el frasco y lo untó en el color verde. Pintó las agallas y las escamas del pez en verde, y luego se paró a mirar: Impresionante. Parecía como si el pez rojo y verde estuviera nadando allí mismo, delante de sus narices. Enseguida mojó en el blanco de la paleta y pintó los ojos del pez y unas burbujas que salían de su boca. Perfecto.

Pero, a todo esto, claro, la gente que había en la plaza descubrió bien pronto que en una de las esquinas había un pintor. No se hubiesen sorprendido nada si se tratase de un pintor normal y corriente, porque estaban acostumbrados a ver a otros artistas inspirarse en aquella preciosa plaza para pintar sus cuadros o hacer fotografías. Pero es que aquel pintor no parecía comportarse como se supone que debe comportarse un pintor. Todos pintaban en el lienzo que tenían sobre el caballete. Pero éste...

Éste no. Éste había dejado el lienzo a un lado, absolutamente en blanco, y... ¡estaba pintando todo alrededor! Le veían entusiasmado pintando peces, pulpos, estrellas de mar en el aire... y, claro, enseguida los niños que estaban jugando en la plaza, las madres, los lectores del periódico, los paseantes, las parejas de novios, y todo el mundo que andaba por allí, hicieron un círculo alrededor de Arsenio, sin poder entender cómo era posible que sucediese lo que estaban viendo.

Arsenio se dio cuenta de que le miraba una verdadera multitud de curiosos, pero estaba tan entusiasmado que no podía dejar de pintar.

Los niños tocaban cuidadosamente con el dedo los peces rojos, azules, morados, que iba dejando por aquí y por allá Arsenio, y comprobaban que la pintura estaba fresca, porque se manchaban, o sea, que aquello no eran puras imaginaciones suyas, que aquel individuo estaba pintando en el aire. Había una niña que estaba tan maravillada con todo aquello que se atrevió a acercarse a la caja de pinturas que Arsenio tenía abierta junto al caballete y a coger un pincel. Pudiera ser que se tratase de pinceles mágicos. Lo miró con algo de miedo y luego lo movió en el aire, pero nada.

Arsenio, que la había visto, le dijo que así no; que tenía que mojar primero el pincel en cl frasco que él tenía en la mano. La niña, ni corta ni perezosa, se acercó a Arsenio y hundió la brocha en el PEGAVIT.

Luego, como le explicó el pintor, mojó la punta en el color rosa de su paleta.

—¡Ahora pinta en el aire! —la animó Arsenio encantado, con una sonrisa de oreja a oreja.

La niña hizo una línea curva en el aire, y una raya de precioso color rosa apareció ante sus asombrados ojos. Arsenio, con su pincel, pintó unos picos por arriba y un punto más abajo, y la curva se convirtió en un gran salmón, con sus aletas y su ojo.

—Termínalo tú.

Luego se volvió a todos los curiosos que no habían perdido detalle de lo que había hecho la niña, y les dijo:

—¡Venga, vamos, todos a pintar! ¡Todos! ¡Hay muchos pinceles en esa caja y muchos tubos de pintura!

¡Vamos a hacer entre todos el fondo del mar! ¿Os parece?

No tuvo que decir más. Inmediatamente, a la velocidad del rayo, la gente se organizó y se repartieron todos los pinceles que había. Como muchos se quedaron sin el suyo, a un señor muy elegante, ya mayor, se le ocurrió la idea de ir a comprar más a una papelería que había en la misma plaza. Fueron corriendo varios muchachos y con el dinero que había dado el señor y algunas madres, compraron docenas de pinceles y gran cantidad de tubos de pintura.

En pocos minutos, unas cincuenta o sesenta personas, casi todos los que estaban en la plaza, se convirtieron en improvisados pintores de un inmensísimo cuadro.
«La Plaza del General», que así se llamaba aquel precioso lugar, se fue transformando, poco a poco en «La Plaza del General Sumergido», como alguien la bautizó.

Tiburones sonrientes junto a la terraza de la cafetería, bancos de peces nacarados flotando por los alrededores del tobogán, calamares verde oliva por encima de los bancos, hermosísimas plantas submarinas, madréporas y corales poblados de cangrejos de color carmín, langostas fumándose un puro, largas anguilas azulonas y medusas nacaradas flotando por entre los maceteros de la plaza, un par de submarinistas con bigote y tremendos fusiles subacuáticos allá arriba, junto al caballo del general, una sirena con el pelo amarillo y coloretes bermellón tumbada al lado del quiosco de los periódicos...

En fin, la plaza quedó llena de
graciosos habitantes submarinos,
de inocentes y brillantes animalejos
de colores alegres e increíbles
flotando por todas partes.

Hasta que se acabó el PEGAVIT
y en el frasquito no quedó
ni una gota.

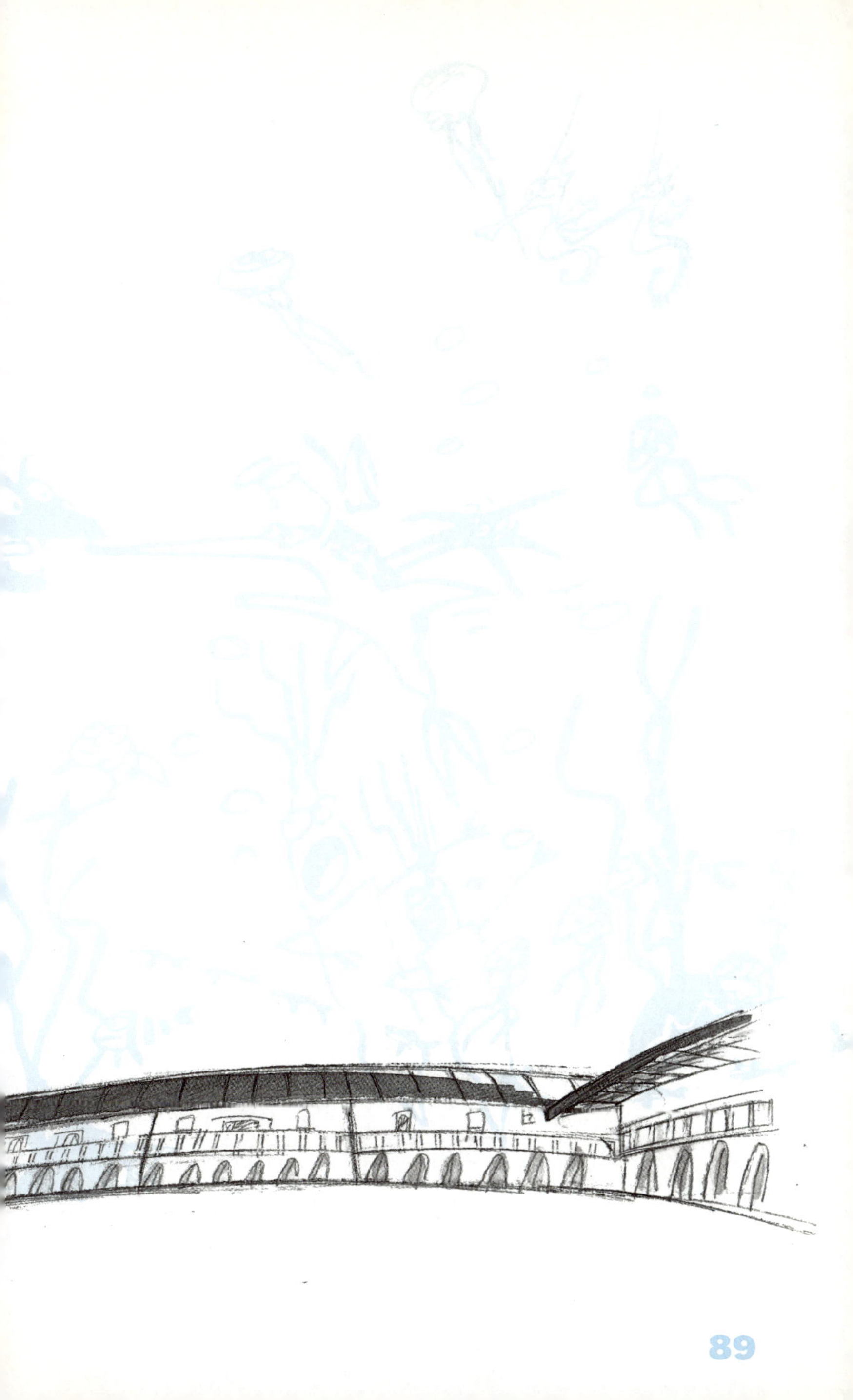

Hasta que se gastó el último tubo de pintura y ya no se podía seguir pintando, trazaron graciosas curvas en el aire, como los aviones a propulsión dejan su estela blanca. ¡Qué pena! Pero a Arsenio, que estaba entusiasmado, no le importó. Lo que quería ahora era ver el resultado final. Se quedó parado en medio de la plaza a mirar por toda aquella barahúnda de formas y colores, y debió de encantarle. Enseguida todos le imitaron y, en silencio, siguieron a nuestro amigo, que iba recorriendo cada rincón de la plaza. Incluso los balcones de las casas estaban llenos de gente que sonreía maravillada ante aquel precioso espectáculo. Alguien de uno de esos balcones llamó a Arsenio. Le invitaba a que subiese a ver la plaza desde allá arriba.

Arsenio no se hizo de rogar. Subió las escaleras en un periquete y pronto apareció tras la barandilla del balcón. El panorama era precioso. Parecía, verdaderamente, una plaza construida en el fondo del mar. Y todo el mundo estaba radiante de alegría, pues lo habían hecho entre todos.

Pero de repente el ruido penetrante de unas sirenas invadió la plaza. No eran sirenas de mar, no. Eran cuatro coches de la policía municipal que con espectaculares chirridos de ruedas se detuvieron en la acera. Bajaron rápidamente multitud de policías, y el que parecía el jefe de todos ellos, con un megáfono que llevaba en la mano, dijo:

—Ha habido una denuncia de un vecino. No está permitido pintar las calles ni alterar el aspecto de las plazas. ¿Se puede saber quién es el responsable de este atentado contra los valores arquitectónicos de la ciudad? ¿Quién ha promovido este escándalo?

Nadie dijo nada. Pero Arsenio, desde el balcón, no pudo callarse.

—Señor agente —dijo—,
verá usted,
es que resulta que
ha pasado una cosa
muy especial, y es que yo
compré un frasco de
pegamento que vendía
un charlatán y...

—¿Es usted entonces el responsable del atentado?

—Sí... Bueno, yo soy pintor y...

—Entonces queda usted detenido —volvió a interrumpirle el policía con su megáfono—. Ya dará usted sus explicaciones en la comisaría.

Hubo un tremendo abucheo general. Gritos y silbidos. ¿Detener al pintor? ¡Ni hablar!

—¡Oiga, policía! —gritó uno—. ¡Aquí nadie ha pintado la calle, ni las casas, ni nada que pertenezca al ayuntamiento! ¡Hemos pintado el aire! ¡Y eso no es de nadie!

—¡Eso es!

—¡Sí señor!

—¡Exactamente!

Y muchas otras voces surgieron del grupo de vecinos y paseantes.

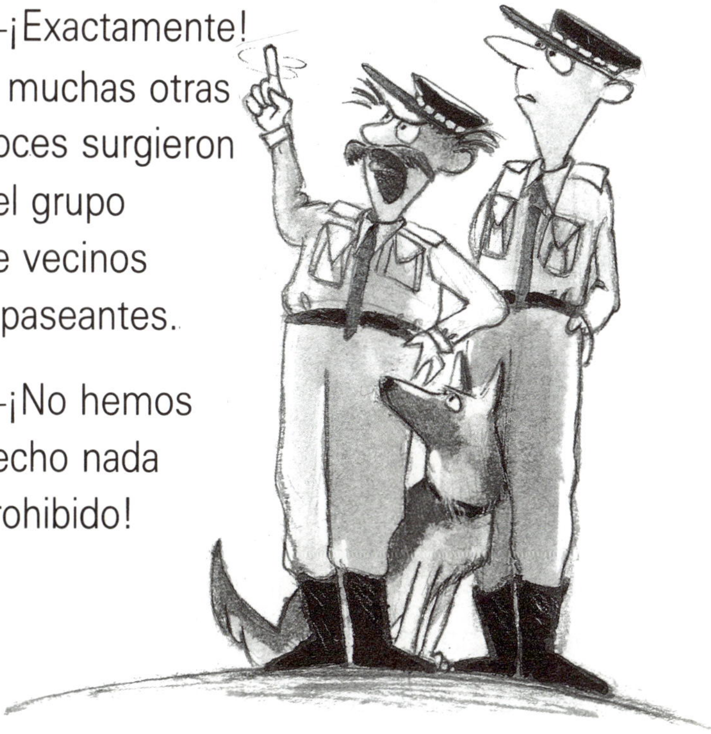

—¡No hemos hecho nada prohibido!

El agente se quedó pensativo al ver que, efectivamente, e increíblemente, tenían razón. Nadie había pintado o manchado la estatua, o los bancos, o las aceras, o las paredes de las casas.

—¡Bueno, no importa! ¡No podemos detener a nadie, pero tenemos que retirar estas cosas pintadas en el aire, porque cambian el aspecto de la plaza!

—¡Nooo! —gritaron al unísono todos los presentes—. ¡Las hemos hecho entre todos y queremos que la plaza esté así!

Pero ya, a una orden del jefe, los agentes habían comenzado a darle golpes con su porra a las pinturas, que se rompían en mil pedazos. Era una tremenda pena ver cómo se deshacían las tortugas marinas, la cola de un pez espada con gafas, los pececillos de colores...

La gente, definitivamente, no estaba dispuesta a ver cómo se cargaban todo aquello, y empezaron las broncas, las carreras y los empujones. Y los policías levantaron sus porras contra los ciudadanos.

Sólo que, de pronto, y de forma muy extraña para un día de primavera tan soleado como aquél, se levantó un gran viento. Una especie de vendaval que arrastró consigo todas las pinturas flotantes.

Primero las subió todas a lo alto, sobre la plaza, y luego se las llevó por encima de las casas. Cientos de peces, cangrejos, pulpos y estrellas de mar de colorines se dispersaron por todas partes, allá arriba en el cielo.

Un tremendo «Oooohhhh» sonó en la plaza. Era como si hubiesen volado miles de palomas. Durante unos instantes, todo el mundo miraba para el cielo, a ver si volvía a aparecer alguna de las figuras llevadas por el viento, que allí abajo había vuelto a dejar de soplar. Pero nada. Se habían ido muy lejos. Total, que la policía se fue enseguida, como había venido, haciendo ulular sus sirenas, y la plaza quedó en absoluto silencio.

Arsenio, entonces, salió del balcón, bajó a la plaza y se puso a recoger su maletín, su caballete y su lienzo. Nadie decía nada. Cuando lo hubo cargado todo, se volvió a los presentes y saludó con la mano, con una sonrisa en los labios. Luego dio media vuelta y se fue.

Un gran aplauso surgió espontáneamente de todos los rincones de la plaza. Un aplauso de gratitud y de despedida.

Y, en fin, aquí termina este cuento. En lo que se refiere a Arsenio, hay que decir que estuvo buscando al charlatán aquel que vendía el «PEGAVIT» (y aún sigue buscándole), sin encontrarle por ninguna parte. Pero el caso es que ahora tiene muchos clientes. Gente que le conoce y que sabe que es todo un artista, y que le encarga retratos, paisajes, bodegones... y sobre todo muchos cuadros de la «Plaza del General Sumergido».

Y a vosotros, los lectores, deciros que si un día aparece delante de vuestra ventana un pececillo de colores flotando..., pues ya sabéis de qué se trata. Cogedlo y ponedlo en vuestra habitación, donde no haya muchas corrientes de aire. Seguro que se queda flotando en cualquier sitio.

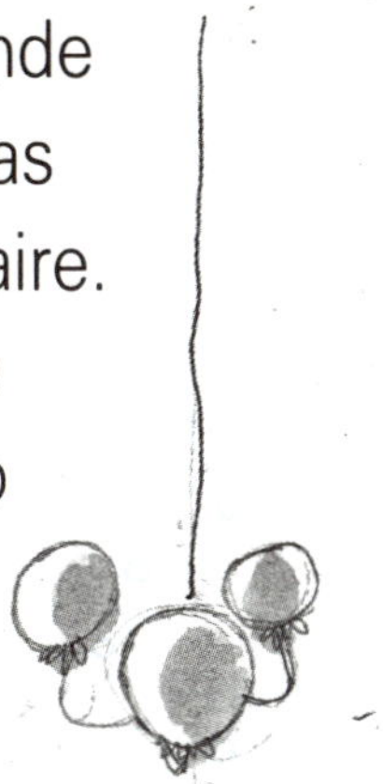

Fin

Taller **de lectura**

alta mar

Vacaciones en la cocina

Vivimos en la «Era del progreso». Los inventos hacen la vida más cómoda y más divertida. En nuestras casas hay muchos aparatos modernos que funcionan con electricidad.

1. Vamos a reconocer electrodomésticos...

1.1. Pinta de color los recuadros que contengan nombres de electrodomésticos.

frigorífico	batidora	tenedor
escoba	espejo	tostador
aspirador	lavavajillas	sofá
televisor	cuchara	cama

1.2. Haz una lista con los aparatos electrodomésticos que aparecen en este cuento.

nevera	aspirador	cazo
a	c	batidora
radio cass	hornilla	
televisor	tostadora	

1.3. Dibuja:

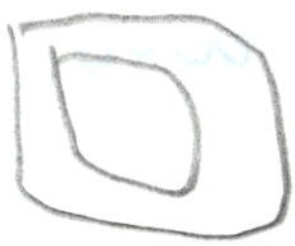		
televisor	molinillo de café	batidora

2. ... Y a conocer sus cuentos

2.1. El cuento *Vacaciones en la cocina* trata de un niño que habla con los electrodomésticos y con los utensilios de la cocina de su casa. Se trata de un relato fantástico.

Explica por qué es fantástico:

por que tiene mucho humor y muy misterioso y muy interesante

2.2. Completa las frases siguientes. Escribe una palabra en cada espacio:

- El aspirador bailaba con la escoba
- El televisor corrió en su mesilla de ruedas.
- El tostador tenía ganas de dejar de madrugar
- El hermano mediano se llamaba Jorge
- Quique se fue a se fue y soñó pájaros

2.3. Enlaza de dos en dos las frases que tengan el mismo significado.

... continuaba refunfuñando la nevera...	... continuaba danzando a toda velocidad...
... seguía bailando a toda marcha...	No se oía ni un ruido.
Ya tenía yo ganas de dejar de madrugar.	Se oía ruido y algo de movimiento en la cocina.
Se hizo un silencio absoluto.	Ya deseaba yo dejar de levantarme temprano.
Había cierta agitación en la cocina.	... seguía protestando el frigorífico...

3. Las palabras hacen los cuentos

3.1. Coloca en estos cuadros el nombre de los tres niños que aparecen en el cuento.

Cristina mayor	Jorge mediano	Quique menor

3.2. Al hermano más pequeño le llaman Quique. Averigua a qué nombre propio corresponde este apelativo y los de estos nombres:

Familiarmente le llaman	Su nombre es
Quique Paco Lola Toño	
Busca tú otros Eño	Lola
Atonio	Dolores

Marisa deshincha todo lo que pilla

Marisa era una niña de dos años y, aunque no sabía nadar, le gustaba mucho ir a la playa a bañarse.

1. Otros gustos raros

1.1. Tacha lo que no sea cierto:

El postre que más le gustaba a Marisa era:

la fruta del tiempo

el yogur de fresa

el pastel de chocolate

1.2. La madre de Marisa se enfadó porque no se comía el bocadillo de jamón de york y le dijo que *«... se iba a quedar en los huesos...»*.

¿Cómo explicarías tú esta frase?

Que la madre de marisa le dijo que se iba ....

1.3. Dibuja en tu cuaderno el flotador que vio Marisa.

2. Vamos a jugar a «hablar en clave»

2.1. Lee despacio y luego escribe bien en tu cuaderno lo que aquí está en «lenguaje secreto»:

Con la *«a»*

Marasa sa asastá a tará al bacadalla da jamán.

Con la *«p»*

Papipa pe papó pop pu papá.

Colocando *«me»* detrás de cada sílaba

Lame nimeñame temenímeame dosme ameñosme.

2.2. ¿Qué soñó Marisa la primera noche después de ver el flotador?

que el mostru la cogía y se
la llevarra a una montaña

2.3. Ordena estas palabras y forma una frase que has leído en el cuento:

«... aquel bicho hasta una cosa fofa, poco a poco, se arrugaba poco a poco, en espantoso quedar convertido...»

aquel bicho se arragaba poco
a poco hasta quedar converti-
do en un espantoso en una
cosa fofa

2.4. ¿Has leído el cuento completo? Ya sabes que se titula *Marisa deshincha todo lo que pilla*. Intenta resumirlo en pocas palabras.

2.5. La niña buscaba el pitorrito de las cosas, tiraba fuerte y... *psss...*, se deshinchaban y se hacían pequeñas.

Primero deshinchó un flotador..........

Luego lo hizo con un bocadillo..........

La tercera cosa que hizo pequeñita fue un coche..........

Y por último lo hizo con muchas cosas más: todo lo que le no le gustaba..........

3. Cómo jugar en la playa

3.1. Busca en este cuento de Miguel Ángel Mendo todos los nombres de cosas que se llevan a la playa.

Escríbelos aquí:

- una sombrilla,
- toallas,
- comida,......
- crema para el sol
- bañadores,
- muñecos,.....

3.2. Reúnete con un grupo de compañeros de clase para hacer un trabajo en equipo.

- Tomad una cartulina de tamaño folio.
- Juntad revistas con páginas de colores, fotografías, dibujos...
- Recortad trocitos cuadrados de papel de color amarillo y naranja y pegadlos formando la arena de la playa.
- Sobre el agua del mar, colocad cabezas de niños, de hombres y de mujeres que se están bañando.
- Entregádselo al profesor o a la profesora para que lo exponga en el tablón mural.

Un país con demasiados reyes

Había una vez un país muy raro donde todos los habitantes eran reyes.

Los pobrecitos se aburrían mucho porque no tenían a quién mandar. No podían dar órdenes a nadie.

1. Para que no olvides el cuento

1.1. En el cuento aparece un personaje que no era rey ni príncipe. ¿Recuerdas quién era?

Era un caballero..............................

....

Venía de un país muy lejano...........

....

Se tropezó con un príncipe que estaba ....

jugando...

1.2. Observa las siguientes frases. En ellas hay algunas palabras subrayadas. Procura cambiarlas por otras sin que varíe el sentido del mensaje.

«... un joven caballero, procedente de un país muy lejano, que se había perdido en su camino, se chocó casi de narices, al doblar una montaña, con los primeros palacios de la capital...»

al dar la vuelta a la mon-
B taña casi tocó pero con los
palacios

1.3. Recuerda algunas órdenes que dieron los reyes al súbdito que llegó a su país.

2. Vamos a hablar de reyes

2.1. A ver si sabes...

¿Cómo se llaman los tres *Reyes Magos?*

Merchor Gaspar Baltasar

¿A qué animal llaman el *rey de la selva?*

leon..

¿Qué estrella se conoce como *astro rey?*

el sol..

¿Cómo se llama el *Rey de España?*

Juan Carlos 1º..

2.2. Dibuja un *trono.* En el trono, un *rey.* El rey tiene una *corona.* En su mano lleva un *cetro.* Viste una capa de *armiño.*

Construye una frase con las palabras señaladas en cursiva.

El rey..

....

....

2.3. En las siguientes frases subraya con un color los *nombres* y con otro las *cualidades que tienen esos nombres.*

- Aquellos reyes eran muy aburridos.

- El príncipe pequeño jugaba a las canicas.
- Las mazmorras son oscuras y sucias.
- Había allí una reina muy gorda.

2.4. A ver si eres capaz de leer varias veces este poema de Rubén Darío. Procura aprendértelo de memoria:

«Esto era un rey que tenía
un palacio de diamantes,
una tienda hecha del día,
y un rebaño de elefantes.
Un kiosco de malaquita,
un gran manto de tisú
y una gentil princesita
tan bonita,
Margarita,
tan bonita como tú.»

Ruben Darío

2.5. Para no aburrirse mucho en Sobe, un príncipe jugaba a las canicas.

¿A qué otras cosas se puede jugar para no aburrirse? jugar con la arena..............

«Pegavit», la fórmula secreta

1. Profesiones con magia

Arsenio Gatera era un pintor. No tenía mucho trabajo, pero en el portal de su casa había una placa anunciando su profesión.

1.1 Dibuja la placa de este personaje. Luego inventa cómo sería la tuya si fueras mayor y tuvieras una profesión.

1.2. Si un niño habla mucho en la escuela cuando tiene que estudiar o escuchar al maestro le dicen que es un charlatán.

Aquí, en este cuento, la palabra «charlatán» significa otra cosa. Lee con atención y explica lo que tú has entendido.

....

....

....

1.3. Busca palabras que sirvan para continuar esta frase. Rodéalas de color.

- El charlatán del cuento habló a los oyentes mientras tenía en las manos...

un gato	un tiesto con un geranio
un frasco	una copa de plata
un bocadillo	unas tijeras

1.4. ¿Qué hacía el charlatán con su «fórmula mágica»?

....

2. Vamos a jugar a los disparates

2.1. En cada una de las líneas siguientes hay una palabra que se ha escapado de su sitio y se ha colocado en otra frase. Búscala y colócala en su lugar.

Arsenio Gatera era un cartón realmente bueno.

pintor

El charlatán abrió una caja de pintor.

cartón

Parecía verdaderamente una porra construida debajo del mar.

plaza

Los agentes habían comenzado a darles golpes con su plaza a las pinturas.

porra

2.2. Infórmate de cómo se llaman los objetos que ves aquí dibujados. Escribe su nombre y píntalos.

	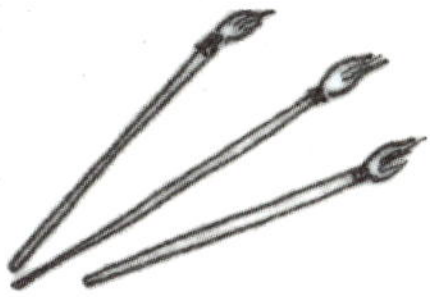	
una paleta	unos pinceles	un caballete

un bote	un maletín	un balcón

2.3. Miguel Ángel Mendo ha escrito cuatro cuentos para ti en este libro.

Si los has leído ya, piensa cuál te ha gustado más. Resúmelo en tu cuaderno.

Índice

Pág.

Fichero de autores:
Miguel Ángel Mendo Valiente 5

Dedicatoria *para ti...* 7

Vacaciones en la cocina

1. Vacaciones en la cocina 9
2. Marisa deshincha todo lo que pilla 25
3. Un país con demasiados reyes 53
4. «Pegavit», la fórmula secreta 68

Taller de lectura 103

Series de la colección alta mar

Aventuras

Ciencia Ficción

Cuentos

Humor

Misterio

Novela Histórica

Novela Realista

Poesía

Teatro

Títulos publicados

1. *Carmen CONDE.* **Despertar** (P)
2. *Montserrat del AMO.* **El abrazo del Nilo** (A)
3. *Fernando ALMENA.* **Los pieles rojas no quieren hacer el indio** (T)
4. *Ángela C. IONESCU.* **«Déjame solo, Joe»** (C)
5. *Gianni PADOAN.* **Concierto de libertad** (NH)
6. *Juan FARIAS.* **Los apuros de un dibujante de historietas** (H)
7. *Carlos MURCIANO.* **La rana mundana** (P)
8. *Juan MUÑOZ.* **Las tres piedras y otros cuentos** (C)
9. *Juana Aurora MAYORAL.* **La cueva de la Luna** (CF)
10. *Sauro MARIANELLI.* **Una historia en la Historia** (NH)
11. *Pilar MOLINA LLORENTE.* **Aura gris** (NH)
12. *Jean GUILLORÉ.* **El viaje de Nicolás** (A)
13. *Samuel BOLÍN.* **Los casos del comisario Antonino** (M)
14. *Ronimund H. VON BISSING.* **La Tierra del Oro Ardiente** (A)
15. *Elvira MENÉNDEZ.* **La máquina maravillosa** (CF)
16. *Jules ROMAINS.* **Knock o El triunfo de la medicina** (T)
17. *Fernando ALMENA.* **Marcelo Crecepelos** (H)
18. *Juan MUÑOZ.* **El feo, el bobo y el malo** (C)
19. *Blanca GARCÍA-VALDECASAS.* **Los chicos de La Maraña** (A)
20. *Gloria FUERTES.* **La poesía no es un cuento** (P)
21. *Juana Aurora MAYORAL.* **Enigma en el Curi-Cancha** (NH)
22. *Alan C. McLEAN.* **El fantasma del valle** (A)
23. *Fernando G. TEJADA.* **Noche de luna con gatos** (T)
24. *Emilio SANJUÁN.* **Simón, Simón** (H)
25. *Jacques FUTRELLE.* **La Máquina Pensante** (M)
26. *José Luis VELASCO.* **El Océano Galáctico** (CF)
27. *Gabriel JANER MANILA.* **Cuentos para los que duermen con un ojo abierto** (C)
28. *Manfred LIMMROTH.* **El pequeño Otto ha desaparecido** (H)
29. *Hilda PERERA.* **Mumú** (A)
30. *Alfredo GÓMEZ CERDÁ.* **Luisón** (C)
31. *Christopher KNOCK.* **Edgar Wallace y el caso Software** (M)
32. *Antonio-Manuel FABREGAT.* **Los cuentos de mi escuela** (C)
33. *Fernando LALANA.* **Edelmiro II y el dragón Gutiérrez** (T)
34. *Avelino HERNÁNDEZ.* **1943** (NH)
35. *François GOUDET.* **Marieta y los vikingos** (M)
36. *Braulio LLAMERO.* **El inspector Tigrili** (H)
37. *Miguel Ángel MENDO.* **Vacaciones en la cocina** (C)
38. *Ángela C. IONESCU.* **El país de las cosas perdidas** (C)
39. *Concha LÓPEZ NARVÁEZ.* **El tiempo y la promesa** (NH)
40. *Mathias DUNANT.* **El monstruo de Jarama** (CF)
41. *Fernando LALANA y J. M.ª ALMÁRCEGUI.* **La bomba** (H)
42. *José Francisco VISO.* **Don Caracol Detective** (M)
43. *Fernando ALMENA.* **El cisne negro** (T)
44. *Hazel TOWNSON.* **Los embrollos de Beny** (H)
45. *Alfredo GÓMEZ CERDÁ.* **El laberinto de piedra** (A)
46. *Ángela C. IONESCU.* **Los amigos** (M)
47. *G. BEYERLEIN y H. LORENZ.* **El sol no se detiene** (NH)
48. *Lucila MATAIX.* **El calcetín del revés** (C)
49. *Montserrat del AMO.* **¡Siempre toca!** (T)

50. *F. ALMENA, M. del AMO, J. FARIAS, J. M. GISBERT, A. GÓMEZ CERDÁ, G. JANER MANILA, C. KURTZ, F. LALANA, C. LÓPEZ NARVÁEZ, J. A. MAYORAL, P. MOLINA LLORENTE, J. MUÑOZ, C. MURCIANO, J. L. OLAIZOLA y M. PUNCEL.* **Compañero de sueños** (C)
51. *Enrique PÁEZ.* **Devuélveme el anillo, pelo cepillo** (M)
52. *José GONZÁLEZ TORICES.* **Tengo mucho cuento** (C)
53. *Juana Aurora MAYORAL.* **Lirios de agua para una diosa** (NH)
54. *Esteban BUÑUEL.* **Quiero ser astronauta** (P)
55. *Raúl JIMÉNEZ.* **Aldurabahim** (A)
56. *Carlos MURCIANO.* **Las amapolas se han vuelto blancas de repente** (CF)
57. *Samuel BOLÍN.* **Nuevos casos del comisario Antonino** (M)
58. *Juan MUÑOZ.* **Ciprianus, gladiador romanus** (H)
59. *Achim BRÖGER.* **Mi 24 de diciembre** (H)
60. *Michel VINAVER.* **Las travesuras de Rosalía** (A)
61. *Fernando ALMENA.* **El pavo Facundo** (H)
62. *Concha LÓPEZ NARVÁEZ y Carmelo SALMERÓN.* **El parasubidas** (A)
63. *Francisco DÍAZ GUERRA.* **El alfabeto de las 221 puertas** (A)
64. *Eduardo GALÁN.* **La silla voladora** (T)
65. *Alfredo GÓMEZ CERDÁ.* **La gota de lluvia** (C)
66. *Elvira MENÉNDEZ.* **Ése no es mi zoo** (H)
67. *Manuel L. ALONSO.* **Los aventureros** (A)
68. *Braulio LLAMERO.* **El rey Simplón** (H)
69. *Fernando ALMENA.* **El misterio indescifrable** (CF)
70. *M. Dolors ALIBÉS.* **Superfantasmas en un supermercado** (H)
71. *Ana María ROMERO YEBRA.* **La vaca de Dosinda** (P)
72. *Carmen VÁZQUEZ VIGO.* **¡Cumpleaños feliz!** (C)
73. *Mercè COMPANY.* **Los dientes del león** (A)
74. *Hansjörg MARTIN.* **No hay sitio para Tarzán** (H)
75. *Juana Aurora MAYORAL.* **Tres monedas de un penique** (M)
76. *Juan MUÑOZ.* **El diplodoco Carioco** (H)
77. *Consuelo ARMIJO.* **Guiñapo y Pelaplátanos** (T)
78. *Montserrat del AMO.* **Patio de corredor** (NR)
79. *Enrique PÁEZ.* **El Club del Camaleón** (M)
80. *Joan Manuel GISBERT.* **El enigma de la muchacha dormida** (A)
81. *Juan FARIAS.* **La infancia de Martín Piñeiro** (NR)
82. *Charles VILDRAC.* **Las gafas del león** (C)
83. *Javier REQUERO.* **El Príncipe Negro** (A)
84. *Concha LÓPEZ NARVÁEZ.* **La tejedora de la muerte** (M)
85. *Christine NÖSTLINGER.* **Chachi** (A)
86. *Marta OSORIO.* **El pavo real** (C)
87. *José María MENDIOLA.* **El castillo de Lora** (M)
88. *Juan Ignacio HERRERA.* **En la cumbre de un tepuy** (A)
89. *Ángel ESTEBAN.* **Háblame del sol** (C)
90. *Carles CANO.* **¡Te pillé, Caperucita!** (T)
91. *Rafael ESTRADA.* **El comisario Olegario** (M)
92. *Jean-François NORCY.* **Buldo** (A)
93. *Lucila MATAIX.* **Un gigante en el bolsillo** (C)
94. *Elvira MENÉNDEZ.* **MNA** (A)
95. *Eduardo GALÁN.* **¡SOS, salvad al ratoncito Pérez!** (C)
96. *Nina WARNER.* **La luna en el agua** (A)
97. *Trini LEÓN.* **La estirpe del Cóndor Blanco** (A)
98. *Jacqueline CERVON.* **Selim, el vendedor de alegría** (A)
99. *Seve CALLEJA.* **Dos hámsters en una jaula** (C)

100. *Montserrat del AMO.* **El bambú resiste la riada** (NR)
101. *Juan Alfonso GIL ALBORS.* **Patatín, Patatán, Patatón** (T)
102. *José Luis VELASCO.* **24 horas para un rescate** (M)
103. *José ZAFRA.* **Historias de Sergio** (C)
104. *Concha LÓPEZ NARVÁEZ.* **Nieve de julio** (C)
105. *Paul van LOON.* **Sam, la superdetective** (M)
106. *Emilio SANJUÁN.* **Carlos Baza, «Calabaza»** (H)
107. *Carmen MORALES.* **Bigote blanco-Bigote negro** (C)
108. *Elvira MENÉNDEZ.* **Olock-Lolo** (CF)
109. *José Luis OLAIZOLA.* **El cazador urbano** (NR)
110. *Marina SEOANE.* **¿Dónde están mis dibujos?** (C)
111. *Emilio SANJUÁN.* **Las vacaciones de Simón, Simón** (H)
112. *Montserrat del AMO.* **Mao Tiang *Pelos Tiesos*** (C)
113. *Pablo ZAPATA y Juan Luis URMENETA.* **El cocodrilo Juanorro** (A)
114. *Alice VIEIRA.* **Portal 12, 2.° centro** (NR)
115. *Jordi VIVES.* **El coleccionista de estrellas** (A)
116. *Gianni PADOAN.* **La manada del escaramujo** (NR)
117. *José Antonio PEROZO.* **Cuentos mágicos** (C)
118. *Alfredo GÓMEZ CERDÁ.* **Papá y mamá son invisibles** (C)
119. *Enric LLUCH.* **Potosnáguel** (A)
120. *Trini LEÓN.* **Un amigo por un par de tomates** (NR)
121. *Gabriela KESELMAN.* **Papá se casó con una bruja** (C)
122. *Manuel L. ALONSO.* **Arturo ♥ Verónica** (C)
123. *Concha BLANCO.* **¡A mí qué me importa!** (H)
124. *Concha LÓPEZ NARVÁEZ y Carmelo SALMERÓN.* **Tomás es distinto a los demás** (C)
125. *Jordi SIERRA i FABRA.* **Cabello blanco en cabeza peluda** (H)
126. *Kenneth IRELAND.* **La máscara de hombre-lobo** (M)
127. *Joan de Déu PRATS.* **Un safari en el salón** (H)
128. *Rafael ESTRADA.* **La sonrisa del ogro** (M)
129. *Kara MAY.* **Gato, su bruja y el monstruo** (C)
130. *Rafael ESTRADA.* **El tesoro de Caramujo** (C)
131. *Carlos ELSEL.* **Buscando a Tana la orangutana** (A)
132. *Lucila MATAIX.* **Papá no quiere ser pingüino** (C)
133. *Sheila OCH.* **La verdadera vida** (NR)
134. *Elena O'CALLAGHAN I DUCH.* **Un cumpleaños especial** (C)
135. *Luisa VILLAR LIÉBANA.* **Misi-Mus ha desaparecido** (M)
136. *Miguel Ángel MENDO.* **Mi abuela la bruja** (C)
137. *Pilar LÓPEZ BERNUÉS.* **El secreto del caserón abandonado** (M)
138. *Elvira MENÉNDEZ y José María ÁLVAREZ.* **Caos en el súper** (H)
139. *Manuel L. ALONSO.* **Te regalo a mi hermano** (A)
140. *KNISTER.* **Willy, la mosca** (H)
141. *César FERNÁNDEZ.* **Bárbara y el misterio de Ariadna** (M)
142. *Jill RUBALCABA.* **Un lugar en el sol** (NH)
143. *María Teresa ARETZAGA.* **¡Otra vez a Carabás!** (C)
144. *Elvira MENÉNDEZ y José María ÁLVAREZ.* **Caos en la boda** (H)
145. *M.ª Carmen de la BANDERA.* **El héroe y la traición** (NH)
146. *Pablo BARRENA.* **¿Dónde estás, gusanito?** (C)
147. *Dick KING-SMITH.* **Genio** (C)
148. *M. Dolors ALIBÉS.* **Grillo Pepinillo** (C)
149. *KNISTER.* **El huevo prehistórico** (H)
150. *Concha LÓPEZ NARVÁEZ y Rafael SALMERÓN.* **El príncipe perdido** (A)
151. *César FERNÁNDEZ.* **Los extraños vecinos del bajo B** (M)
152. *Alfredo GÓMEZ CERDÁ.* **Tejemaneje y Estropajo** (C)